지렁이 잔혹사

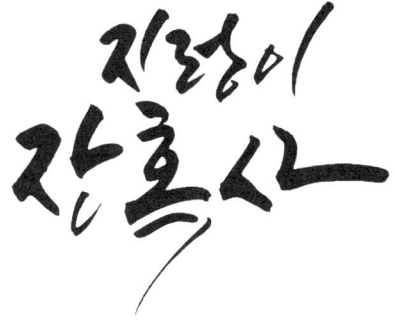

지렁이 잔혹사

이 원 순 첫 시집

머리말

현역 시절의 치열했던 활동을 마무리하고 전경련 중소기업 경영자문단에서 같이 봉사하고 있는 최진만, 한기룡 선배분께서 소개해 주신 덕택으로 시인대학 10기에 등록을 하게 되었습니다.

시 쓰기 공부를 하면서 그 내용에 대해서는 많은 공감을 하게 되었지만, 자신을 살펴보며 자꾸 좌절감을 느끼곤 했습니다. 시상이 떠올라야 하는데 지난 46년여의 직장 생활로 감성이 메말라버렸을 뿐만 아니라, 어휘력이나 표현력이 퇴보한 것 같은 느낌이 들어 중간에 포기하려는 마음까지도 들곤 했습니다.

그러나 독서를 좋아했던 어린 시절, 한때는 문학소년의 꿈도 잠시 가졌던 게 떠오르며, 대학 시절에는 성경의 시편을 읽으며 나도 언젠가 이런 시를 써 보고 싶다고 생각했던 기억이 났습니다.

'아, 그래 나에게도 그런 감정이 있었지.'
'한번 해 보는 거야'

인생을 마무리해 나가는 이 시점에서 직장 생활로 생각도 못 했던 시쓰기에 도전해 보자는 각오를 갖게 되었습니다. 그런데도 막상 시를 쓰자니 시상조차 잘 떠오르지 않아 또 포기할까 하는 생각도 들었지만, 이왕 시작한 것 포기할 수 없었습니다.

억지로, 때로는 의무감에 하나하나 써나가다 보니 재미도 붙일 수 있었고, 끝내 이렇게 첫 개인 시집을 펴내게 되었습니다.

이 시들은 저 자신과의 싸움에서 잉태된 시들이라 부끄럽기도 하지만, 다음번에 또 기회가 주어진다면 주변 사람들에게도 공감을 주고, 하나님의 사랑을 전할 수 있는 시들을 쓸 수 있기를 희망하며 첫 시집을 내는 소감을 갈음합니다.
도와주신 모두에게 감사 말씀드립니다

2024년 6월 10일
시인·장로 이 원 순

차 례

머리말/ 4

제1부 서러워 마요 풀꽃/ 13

구름/ 13
꽃길/ 14
서러워 마요 풀꽃/ 16
봄바람 불 때/ 18
산 그리고 메아리/ 20
바다 그 치유력/ 22
이팝나무/ 24
가시/ 26
매미/ 28
지렁이 잔혹사/ 30
멸치/ 32
짜장면/ 34
봄/ 36

제2부 아 옛날이여 / 37

이별/ 39
종점/ 40
약속/ 42
나의 가장 소중한 것/ 44
자화상/ 46
보릿고개/ 48
셋방살이/ 50
아 옛날이여/ 52
세월 참 빠르네요/ 54
소풍/ 56
사랑/ 58
아름다운 손과 발/ 60
이웃사촌/ 62

제3부 **부부싸움**/ 65

아버지/ 67
어머니/ 68
가족사진/ 70
아들/ 72
칼로 물 베기/ 74
인간 내비/ 76
지하철/ 78
내비게이터/ 80
오장칠부/ 82
공중부양 화장실/ 84
명품 명과/ 86
부부싸움/ 88

제4부 **똥 그리고 해우소**/ 89

정치가/ 91
정치인/ 92
엄마 사랑 정치인 사랑/ 94
똥 그리고 해우소/ 96
여의도/ 98
뻥튀기/ 100
궁금증/ 102
문장부호 공헌도/ 104
좀 고쳤으면/ 106
만우절/ 107

에필로그/

제1부 서러워 마요 풀꽃

구름
꽃길
서러워 마요 풀꽃
봄바람 불 때
산 그리고 메아리
바다 그 치유력
이팝나무
가시
매미
지렁이 잔혹사
멸치
짜장면
봄

구름

이 먹구름 지나면 참고 견디면
파란 하늘에 다시 꿈을 그려볼 수 있겠지
어떤 꿈일까

뭉게구름 새털구름 양떼구름…
먹구름만 아니면 돼

아니야 때론
먹구름도 필요하지

꽃길

누군들 마다할까
이 길을

이 길만 걷게 해주겠다는
달콤한 말에

많은 여성이
넘어갔는데

이 길을 걷게 해주겠다는 空約에
많은 국민이 넘어갔는데

이 길을 만들기 위해서는
얼마나 많은
수고와 땀이 필요한데

같이 힘을 모아
만들어 간다면 믿겠어요

서러워 마요 풀꽃

화려하고 아름다운 꽃들로
가득 채워진 꽃집들

조연역을 맡을
풀꽃들은 없다
이름은 풀꽃농원인데
고깃집식당

서러워 마요
풀꽃들

당신들을 품은
척박한 땅은 실은 위대한 대지

조물주의 손길을 거치지 않고
나오는 풀들은 없다오

성형수술 안 한
자연미인들 아니겠어!

봄바람 불 때

나이 들수록 추위가 싫어져
한 겨우내 추위를 털어내고
기지개 크게 펼 수 있는 봄이 오길 고대하는데
봄소식 전해주는 전령사
왜 이리 더딘지

입춘 우수 경칩 반가운 절기를 맞이해도
호락호락 날씨가 풀리지를 않네
게다가 꽃샘추위까지도
따뜻한 봄날 오는 것을
붙잡고 늘어지니…
기다리는 마음이 간절하면
일부러 더 늦게 오시는가

그러다 어느 날
봄바람 한 번 살짝 스쳐 지나가면
기다림에 퉁명스러워진 내 맘
슬쩍 녹여 주고 가네

만물이 소생한다 하였는가
봄바람 불 때

산 그리고 메아리

사방으로 둘러싸인
산꼭대기에서
내가 크게 외친 소리
그대로 다시 되돌려 주는 메아리

좋은 말은
좋은 말대로 되돌려 주고
나쁜 말은
나쁜 말대로 되갚아 준다

가는 말이 고와야
오는 말이 곱다고
일러주는 산은
말 없는 우리의 스승이다

바다 그 치유력

산과 들과 땅으로만 둘려있는 내륙
우리 고향 충청북도 음성
한 면만이라도 바다를 볼 수 있는 곳이라면
얼마나 좋을까 상상도 해 보았지요

바다에 놀러 가고 싶었고
바다에서도 한 번 놀아 볼 수 있으면 얼마나 좋을까
사진으로 바다를 보며 상상의 나래를 편다

드디어 초등학교 여름방학
가족들 바닷가로 해수욕을 간다네요
너무 좋아 뛰어다니다
마당에 널려있는 쇠스랑에 뒤꿈치를 찔리고 말았다

며칠이 지나도 좋아질 기미는 보이지 않고
절뚝거리는 내 모습에 걱정되는 부모님들

누나는 계속 절뚝거리면
안 데리고 간다고 엄포를 놓는다
아프지만 제대로 걸어보려고
안간힘을 써 보지만 제대로 걸을 수가 없다

차마 떼놓고 갈 수가 없어 데리고 가주셨다
드디어 만리포에 도착
설레는 가슴을 안고 바다에 뛰어 들어가
수영도 하고 실컷 재미있게 놀았다

처음 해 보는 바다 수영에
몸이 가벼워지는 느낌도 들고
수영도 더 잘 되는 것 같았다
노는 재미에 팔려 발 아픈 것도 잊었다
해수욕을 마치고 숙소로 돌아가는데
나도 모르게 절룩거리던 것이 사라졌다

와, 놀랍다 하나도 안 아프다
어느새 누가 고쳐 주었을까

이팝나무

흰 쌀을
기다랗게 늘려 놓은 듯
무수한 꽃잎들
그냥 보기만도
풍족해 보이네요

쌀밥을
이밥이라 하는 북한에서
이 녀석들이 흰쌀로 연상이 되어
이팝나무라고 지었다는
이야기에 가슴이 아려오네요

이 바람이 이루어져
풍족한 이밥으로
북한 동포들의 배고픔을 달래 줄 날
속히 오기를 고대합니다

가시

가시야
너는
어떤 사명을 부여받고
이 세상에 나왔니

어린 시절
멋도 모르고
가시나무에 찔려
피 나고
쓰라렸던 기억이 있는데

그 이후엔
네 이름이 들어가는 모든 말에는
엄청 조심 한단다

눈엣가시
목에 가시
옆구리 가시

나는
다른 이에게
어떤 가시로 비쳐질지

매미

어린 시절 기억
한여름 매미의 우렁찬 울음소린
그토록 기다리던 여름방학을
알려 주려는 것으로 알았고

한 톤 낮은 울음소린
개학이 가까이 왔다고
알려 주는 울음으로

극성스러운 울음은
여름을 보내기 아쉬운
울음으로 알았는데

아 그게
그 짧은 이생에서의
마지막 몸부림임을 알고나니
너무도 처연한 울음으로 들리는군요

7년여의 긴 땅속 생활에
단 2주간의 바깥세상의 삶

우리는 너무 감사할 줄 모르는 삶을
살고 있는 것이 아닌지…

지렁이 잔혹사

멋모르고
땅 위에 나와
기어 다니다가
낯모르는 손에 붙잡혀
친구들과 플라스틱 통에 담겨
이리저리 부딪히며 한동안 지난 후
뚜껑 열리며 한 친구씩 끌려 올라가네

드디어
내 차례
몸이 잘려 나가는 고통 느끼는 찰나
날카로운 낚싯바늘 내 몸을 꿰뚫고 들어오네

이미 버린 몸
물에 던져져 물고문까지 당하고
실낱같은 생명 아직 몸 안에 남아 꿈틀대는데
기다리고 있었다는 듯 물고기 놈 날쌔게 다가와
조스처럼 아가리 벌리고 나를 삼키네

나를
삼킨 네 운명
내 것과 별반 다르지 않아

조그마한 위로 삼는다

멸치

요렇게 쬐끄만
물고기도 생선이라 할 수 있니

볶은 멸치 한 젓가락 집으면
열 마리도 더 잡혀
내 입으로 쏘옥 들어가
짭조름한 맛을 내주네

덩치가 커봐야
다른 생선들과는 쨉감이 안돼도
멸치젓 멸치회까지 다양하게 사용되니
우리의 식탁에 기여하는 바
결코
작다 할 수 없겠다

더욱이
우리들 뼈 건강에도 좋다니
고마운 생선이라 불러 주어야겠다

덩치가 작을수록
몸값이 높다니
작은 고추가 맵다는 말
맞는 말이구먼

짜장면

짜장면은 맛있어
언제든 어디서든 먹을 수 있어
값도 싸서 좋아

중국 본토에는 없다는데
비슷한 작장면(炸醬麵)이 우리 땅에 와서
짜장면으로 진화하였다는데
그 과정과 역사는 중요치 않아

중요한 것은
지금 우리 국민의 사랑을 받는
음식이란 긍지, 아니겠어

이런 짜장면이 전 세계
우리 교민들이 사는 곳엔
다 따라갔고

오히려
현지 식당들이 이를 흉내 낸다니
드디어 자긍심을 가진
국민 음식으로 부상했네

만수무강!
대한민국 짜장면!

봄

계절의 봄
인생의 봄

같은 봄인데
어떤 봄은 오고 또 와주는데
어떤 봄은 가면 아주 안오네

그래서 세월을 아끼라 하셨나?
성경 말씀에

詩作노트/ "세월을 아끼라 때가 악하니라(에베소서 5:16)."라는 성경 말씀에 감명받아 쓴 시임.

제2부 **아 옛날이여**

이별

종점

약속

나의 가장 소중한 것

자화상

보릿고개

셋방살이

아 옛날이여

세월 참 빠르네요

소풍

사랑

아름다운 손과 발

이웃사촌

이별

수많은 노래와 시들의 소재
슬프기만 할까 아니 안도감도 들지

사랑하는 이들과의 헤어짐
이생의 마감

가난과 고통으로부터의 해방
위기나 억압으로부터의 탈출

종점

우리 열차
더 이상 운행하지 않습니다
종점 도착 안내방송

무슨 일에든
시작이 있으면 끝도 있으니

종점이란 말을 들으면
무엔가 결산의 때를
떠올리게 하는 무거움

우리 인생 열차
더 이상 운행하지 않습니다
이런 안내방송이 들리면

...
무슨 말을 더하리오.

약속

언제부터일까
우리 삶에
약속이란 말이 생겨난 것이

부모 자녀들 간의 새끼손가락 약속
연인들 간의 굳은 맹세
거래상대방들과의 계약
단체나 조직 간의, 국가들간의 협약과 협정

아, 알고 보니
우리 삶의 원천이
약속에서 비롯되었구나

그렇구나
조물주와의 언약으로부터
이전 이후 약속 내용이
신약과 구약으로
성경에도 담겨졌구나

나의 가장 소중한 것

이것들은 세월이 감에 따라
또한 깨닫는 바에 따라 변한다

어린 시절엔 엄마
성장기 시절엔 공부와 진학
사회진출 앞두곤 취업과 결혼과 집 장만
이후엔 자녀 양육과 독립시키는 일
몸이 아파본 후엔 건강과 생명의 소중함
마음이 아파본 후엔 사랑

나의 인생을 통해
가장 소중한 것은
사랑임을 깨달았네

그중에 제일 큰 사랑,
나를 만드시고
나를 위해
그 아들을 희생하신 사랑
하나님 사랑

자화상

많은 저명 화가와 작가들이
자화상을 그리고 쓰고 떠났지요
그들에게 주어진 훌륭한 달란트로

사람들이
모두 각자의 자화상의 소재는
간직하고 있겠지만
이를 표현할 재능이 부족하거나
여건이 안 되니 그냥 왔다가 갑니다

걱정 안 해도 됩니다
천국엔 이 자화상들보다
더 상세한 개인별 프로필이
잘 기록보관되어 있을 테니까요

아, 근데 이게 무슨 경우지요?
그래도
뭐 하나는 남겨 놓고 가야 하는데…
욕망이 스멀스멀 기어 올라옵니다

보릿고개

아이야 뛰지 마라
배 꺼질라…
얼마나 궁색했던 우리의 삶이었나
초근목피, 보릿고개, 춘궁기…

MZ세대들이여!
이런 말들을 들어나 보았을까
당신의 자녀들에겐 이런 궁핍 안 넘겨주려고
부모님들 얼마나 애쓰고 고생들 하셨을까

보릿고개 넘어선 지
오래건만 은혜 갚을 길 없어
"글로 설워하노라"*
한 시인의 심정이
바로 이런 마음, 아닐까

*단종 유배길에서 왕방연이 안타까운 마음으로 읊은 시중에서 옮겨옴.

셋방살이

철부지 아이 때야
알 리가 있을까

주인집 아줌마에게
야단 한 번 맞으면 끝인데

설움은
부모 몫인데

아, 내 집 마련 캠페인
국민경제시책에 자리잡다

덕분에 많은 가정들
설움은 덜었지만
그래도 끝까지 간다고 우기네
이놈의 셋방살이

아 옛날이여

일곱 살 된 손자가 할아버지에게 물었어요
게임기 업그레이드 해주세요
잘 알아들을 수가 없어 대답을 못 하니
어린 손자로부터 핀잔을 들었다
"할아버지는 왜 그런 것도 모르세요."

아, 옛날이여
우리 선조 님은 얼마나 좋으셨을까
서당에서 글공부 하나만 잘해도
과거에 합격하여 평생 취업의 길이 열리고

자식을 낳아 기르더라도
그때 배운 실력으로 자식 교육도 할 수 있고
손주에게까지도 글공부시킬 수 있었으니…
아버지 할아버지로서의 체면 유지에
전혀 지장이 없었고…

기방에 가서는
시 한 수 잘 읊어주고
종종 기녀의 하얀 속치마에
일필휘지 문장 하나 휘갈겨 주면 인기 짱으로
사회활동에 전연 지장이 없었을 텐데

지금은 컴퓨터 배우랴
스마트폰 배우랴
게다가 전자게임도 모르면
손자들한테까지도 통을 먹으니
고달픈 신세되었네요

아 옛날 어르신들 부럽습니다
아 옛날이여

세월 참 빠르네요

까다롭기로 소문난
영국 공항 입국심사관들

퉁명스런 목소리로
입국 목적?
자동차 안전테스트 참관입니다

한국에서 자동차를 만들어요?
그렇습니다

자동차 회사 이름이 뭐요?
현대자동차입니다

처음 들어보는데
무슨 차 만들어요? 차이름은요?
자신 있는 목소리로
승용차 포니요

고개를 몇 번 갸우뚱거리며 내뱉는 말
*Never heard, never heard.

그래도 여권에 입국 승인 스탬프는 꽝!
이후 세월 참 많이 흘렀네요
지금은
세계적인 자동차 회사가 된 현대자동차

그 시간들 귀하게 잘 사용했습니다
Very well spent !
Hyundai Motor Group

詩作노트/ 70년대 중반 현대차 신입사원으로 영국 출장 시 입국 과정에서 당했던 설움을 나타낸 시임.
*한 번도 들어보지 못한 차 이름이라는 의미로 여러 번 지껄이던 말임.

소풍

우와, 내일 소풍이다
국민학교 입학 후 처음 맞는 소풍
하나님 제발 내일 비 안 오게 해주세요
설레는 마음으로 잠자리에 들었던 초딩 시절

우리 학교 소풍 갈 땐
꼭 비가 온다는 이야기를 듣고
소풍 때마다 간절히 기도드린 기억이
아스라이 떠오른다

이후의 몇 번이나 비가 왔는지는 몰라도
즐거운 추억만 남아있다

인생의 어려움도 슬픔도 지나고 나면
모두 아름다운 추억인 것을…
우리 잠시
이 세상에 소풍 왔다
떠나가는 인생 아닌가

사랑

사랑은
영원한 미스테리
어떻게 사랑이 생겨났을까?

우리가 찾아낸
에로스
아가페
필리아
스토르게

어느 게 맞는 걸까

앞으로도 얼마나
더 찾아봐야 할까

성서에서 일러준 정답
하나님은 사랑
검증할 방법이 있을까

아름다운 손과 발

자식들을 위해
다 닳도록
수고하시는 부모님

나라를 위해
노심초사 충성을 다하신
애국선열들의 노고

우리의 허물과 죄를
대신하여 십자가 못 박히신
주님의 손과 발

이 어찌 아름답지 아니할 손가

이웃사촌

협력과 공존의 관계가
시샘과 부러움 넘어
갈등과 다툼의 대상이 된 지 오래다

우리의 이웃들과 어떻게 지내야 할까
가까운 이웃이 먼 친척보다 낫다 하지만
이웃집 잔디가 더 푸르게 보이고
가장 가까운 이웃 나라가
가장 먼 나라 되어 가니
어쩌란 말이냐

네 이웃의 것들을 탐내지 말라
네 이웃을 네 몸과 같이 사랑하라

실천하기 어려운 가르침
그래도 노력은 해야겠기에…

제3부 **부부싸움**

아버지
어머니
가족사진
아들
칼로 물 베기
인간 내비
지하철
내비게이터
오장칠부
공중부양 화장실
명품 명과
부부싸움

아버지

아빠~ 아버지, 육신의 아버지
아바~ 아버지, 하나님 아버지

뗄 수 없는 불가분의 관계
그 받은 사랑을 어이 말과 글로
형용할 수 있을까

다 품어 주소서
모두의 아버지

어머니

엄 엄 엄 엄마
M M M Mommy

갓난아이 때부터
제일 먼저 터지는 말문
엄마 Mommy
동서양이 다르지 않죠

내가 태어나고 자란 나라
모국 Mother Country

처음으로 배우고 사용하는 말
모국어 Mother Tongue

어머니 Mother란 말이 빠지면
인류의 역사와
나의 존재는 없는 거죠

그런 소중한 어머니
왜 당신의 모든 것을 바쳐
나를 사랑하시나요

영원한 미스테리

가족사진

구순을 훌쩍 넘긴
처갓댁 형님이 사진 앨범들을
정리하시며 툭 던지듯 한 말씀

이 서방도 사진 정리해 놔
그냥 두면 우리 간 다음
애들에게 부담 주는 거야
부모 사진 함부로 버리지도 못하고…

공감이 가서
시간 내어 사진첩들 정리하는데
아주 오래된 흑백사진 한 장이 눈에 띄네요

곱상한 모습의 할머니 손주들 안고 계신 부모님
뒷줄의 형님 누나들 앞줄에 앉아계신
아버지의 손을 살짝 잡고 있는 초등 막내

당시 광경이 주마등처럼 떠오르네요
동네 한 곳밖에 없는 사진관
다같이 한껏 차려입고 사진관 아저씨의 지휘 아래
자세를 잡고 하나둘 셋,
찰칵, 한 번 두 번 세 번

행복했던 시절의 추억을 간직해 온 가족사진
더 행복한 곳에서 만나서 같이 지내실
먼저 가신 가족들의 모습 그려지네요

조금만 더 계셔요
저희들도 가서 다시 한번 가족사진 찍어요
사진관 사장님도 잘 계시죠

가족사진
그리움을 잔뜩 먹었어요

아들

딸만 둘
딸들이 엄마와 더 소통하고
친근한 것을 보니
은근히 아들 생각도 났어요

아이들이 크니
아빠를 더 많이 이해해주고
관심을 가져주네요

아들인 제가
우리 부모님들께 하지 못했던
세심한 배려를 딸들로부터 받으니
부모님들께 일면 송구한 마음도 들지만
당당히 이야기할 수 있게 되었습니다

아들 없으면 어때요

칼로 물 베기

부부로 산다는 것이 얼마나 어려운지
결혼식 주례 목사님 말씀 반만 지켜도

수없이 참석한
남의 결혼식 주례 선생님들
말씀 한 가지씩만 귀담아 뒀어도
그렇게 부부생활 어렵진 않았을 텐데

어느 한 부부가 도저히 같이 못 살겠다면서
신부님과 이혼 상담을 했다네요

성격 급한 아내가 먼저 신부님께
이 사람 도저히 사랑을 못 하겠어요.
신부님, 그래요? 그럼 사랑하지 마세요
아내가 쭈뼛쭈뼛 그럼, 이혼해도 된다는 말씀이죠
아니요 사랑하지 말고 대신 이해만 해주세요.

듣고 있던 남편이 신부님께
우리 집사람 도저히 이해를 못 하겠어요
신부님, 그래요? 그럼 이해하지 마세요
남편도 쭈뼛쭈뼛 그럼, 헤어져도 된다는 말씀이죠
아니요 이해하지 말고 대신 사랑만 해주세요

사랑과 이해
두 가지 다 잘할 수 없겠으면
한 가지만이라도 선택을 잘해야 할 텐데

선택에 따라
칼로 물 베기가 될까
도장을 찍어야만 할까

인간 내비

젊은 시절
해외 근무 기회가 있어
자동차로 가족여행을 많이 한 편인데
방대한 북미대륙이나 유럽대륙을 다닐 때는
하루에 열 시간 또는 그 이상 운행할 때도 많았죠

당시에는 내비도 없었고
렌트카 회사에서 제공하는 지도책이 전부였죠.
운전하면서 지도책을 보며 길을 찾는 건
너무 어려워서 주로 옆에 앉은 마나님이
이 역을 담당하였는데 의외로 지도를 잘 읽고
길눈이 밝아 길치 운전자에게
큰 도움이 되었습니다

더욱이
남편이 운전하는 동안에는
아무리 장시간이라도
결코 자거나 졸거나 하는 법이 없습니다.

성서 시편 말씀처럼
우리를 지키시는 하나님께서는
졸거나 주무시지도 않으신다 하였는데
집사람이 이 은사를 받은 모양입니다

덕분에 우리 온 가족 모두
건강하게 여행을 다닐 수 있었음에 감사하며
뒤늦게나마 가족의 이름으로
영예로운 '인간 내비' 별칭을 수여합니다
고마워요

지하철

우리나라 최초의 지하철 74년 광복절 개통
한여름 훈련소에서 빡빡 길 때
지하철 1호선 개통 소식
훈련 조교로부터 들었죠.
또한 영부인의 피습사실도요

슬픈 소식을 갖고 출발한
한국의 지하철이었지만
지금은 세계 최고의 수준 자랑하는
대중교통으로 발전했음에 긍지를 느낍니다

직장 초년 시절 유럽 선진도시들을 방문하여
지하철을 타보고는 많이 부러워했기에
어느 도시의 지하철이든 얼마나 많은 사람이
얼마나 많은 수고를 했을까
그 희생은 얼마나 컸을까

지공거사가 된 지금에는
그 소중함과 고마움이
더 크게 느껴집니다

안전성도 편리성도
계속 세계 최고의 수준을 유지해 나갑시다

한국 지하철 화이팅!

내비게이터

오래전부터 우리에게 방향을
알려 주는 북극성과 나침반
기술의 발달에 따라
상세하게 길을 안내해 주는
내비게이터로까지

저 같은 길치들에겐
너무도 고마운 일이지요
그것도 자상한 여성의 목소리로
길을 안내해 주면서
몇 번이고 길을 잘못 들어도
짜증 한번 안 내고 다시 가르쳐주니까요

모름지기 운전자들 특히 남성들은
두 여인의 말을 잘 들어야한다는 말까지
생겨날 정도니 내비게이터의 영향력이
우리 생활 깊숙이 자리를 잡았네요

세상의 길 안내는
내비가 책임지고
우리 인생길은
누가 안내해 주나요

이 길을 찾느라
고대로부터 많은 현인들이
연구해 오면서 깨달은 바들을
저서로 내고 가르쳐주기도 하였지요

이 모두 훌륭한 가르침들이지만
우리 크리스찬들은 성경말씀이
이 길이라 굳게 믿고 살아가지요

인생의 내비게이터
성경의 궁극적인 '저자'
창조주 하나님이에요.

오장칠부

건강하게 살려면 오장육부가 건강해야
사람답게 살려면 장기 하나 추가해야
그 이름하여 스마트폰

몸 밖에 있지만
떨어져선 못 사는 시대

애들이나 어른이나
남자나 여자나
집안이나 지하철 안이나
심지어 횡단보도에서도

뭔가
잘못을 저지른 것에 대한 벌칙으로
가장 큰 효과가 있는 교정 방법은
아마도 스마트폰 압수보관
죄질에 따라
하루 이틀
일주일 한 달

미치고 환장하지 않을까

공중부양 화장실

종종 산책하는 여의도 샛강 공원에
컨테이너 공중화장실이 있다
폭우가 내려 샛강이 범람하면
더불어 침수가 되곤한다

작년부터 새로운 화장실 공사가 시작되더니
꽤 오랜 시간 걸려 올 초에 개장했다
깨끗한 건물의 네 모서리 부분에
각각 원통형 철제 기둥들이 세워지더니
화장실 건물 네 코너에서 홀더 훅크가 나와
각각 이 기둥들에 연결이 되었다

각 연결고리에는 네 개의 철제 롤러들이 부착되어
침수시에는 화장실 건물전체를
이 기둥을 타고 들어 올려서
침수를 피하는 방법이다

이마
세계 최초의 공중부양 공중화장실 아닐까
이러한 창의성은 우리 한국민들에게 주신
하나님의 큰 선물인 것 같다

詩作노트/ 성경 중에 가장 읽기 지루한 곳이 성막과 제단을 건축하는 제원과 방식을 그림이나 설계도 한 장 없이 길고 상세한 글로만 설명한 부분으로 일반 독자들의 머릿속에는 그 형상이 잘 그려지지도 않는다. 그럼에도 불구하고 당시의 건축전문가들이 이에 따라 제작한 성막과 제단을 보면 참 놀라다. 글로 설명한 공중부양 공중화장실을 보고 독자들은 어떤 모습을 그려볼까 궁금해진다.

명품 명과

우리가 언제부터
명품을 좋아하고
선호하게 되었나요

좋은 제품은
그냥 지역 특산품이면 통했는데
이제는 명품 라벨이 없으면
전시대 위에 끼지도 못 해요

이미 오래전부터
화장품에서부터
명품 바람이 불더니
의류 전자제품 예술품까지

이제는 먹는 음식과 과자도
차별화가 되어 명과를 찾게 되네요

이 분야 종사자들의
긍지를 높여주고
수익성도 높여주고
소비자들의 만족도도 높여주니
누이 좋고 매부 좋은 것 아닌가요

입안에 군침이 돌아요
명과 소리만 들어도
다음엔 뭐가 나올까
혹시 명품 AI?

부부싸움

내가 지면
한나절만
마음 불편하면 되는데

이기니
일주일이
마음 불편하네

詩作노트/ 부부싸움에서 남편이 논리적으로나 억지를 쓰거나 해서 이기면 아내가 일주일간 혹은 그 이상 입을 다물고 지내니 답답해 죽겠고, 남편이 지면 당장은 기분은 상하지만 출근해서 업무에 몰두하다 보면 한나절이면 부부 싸움한 것 다 잊고 퇴근하여 집에 가면 아내도 미안함을 느껴서 그런지 좀 싹싹하게 구니 빨리 가정의 평화가 찾아옴을 뒤늦게 깨닫게 됨을 시적 표현으로 변환시켜 보았음.

제4부 똥 그리고 해우소

정치가
정치인
엄마 사랑 정치인 사랑
똥 그리고 해우소
여의도
뻥튀기
궁금증
문장부호 공헌도
좀 고쳤으면
만우절

정치가

같군요
정치인들에 대한 희화화(戲畫化)는
동양이나 서양이나*

그래도
일말의 기대를 걸어봅니다
위대한 정치가가 나오기를

詩作노트/ 유럽의 한 시골 마을에 한 마부가 자기 마차에 성직자 정치인 어린이를 태우고 다리를 건너다 중간쯤에서 불행히도 난간이 무너지며 모두 강물에 빠지게 되었네요. 강이 편 저 편의 사람들이 안타깝게 바라보며 발을 구르고 있는데 수영에 익숙한 마부가 강물에 뛰어들어 정치인을 먼저 구한 다음 어린이와 성직자를 구했답니다. 당연히 성직자나 어린이를 먼저 건져줄 것으로 기대했던 동네 사람들이 왜 정치인부터 건져주었냐고 묻자 마부 왈, 이 깨끗한 강에 정치인을 오래 담가두면 강물이 오염되기 때문이라고 대답했답니다.

정치인

궁금해

이 담에 크면 뭐 될래
"대통령"

정치인들에게
유머나 위트를 기대하는 건
정녕 불가능한 것일까

총선을 앞두고
더 극렬해진
상대방 비방과 헐뜯기

무엇이
그런 재미없는 직업을
어려서부터
그렇게 사모하게 했을까

엄마 사랑 정치인 사랑

엄마,
나 사랑해
그럼, 그렇고말고

얼마큼 사랑해
하늘만큼 땅만큼

왜
그냥

정치인 여러분
우리나라와 국민을 사랑합니까
그렇고 말고요

얼마큼 사랑합니까
제 모든 것 다 바칠 만큼이요

왜죠
…

감명을 찾기 힘든 공약들

똥 그리고 해우소

똥이나 처먹어 이놈들아
총리 국무위원들에게 갑작스레 쏟아진 선물
근대사에서 찾아보기 어려운
똥의 신분 상승 사건
살다 보니 이런 날도 보는군요

들어갈 때와 나올 때
마음이 다른 곳 똥뚜깐
급할 땐 최우선 그 뒤엔
별 볼 일 없는 곳 해우소

변덕스러운 이 마음 넉넉하게
포용하고도 남는 곳
매일 잘 나오는 것이
얼마나 감사한 일상인지

모두가 알고 있긴 하지요
고마워요, 똥님
그리고 해우소

여의도

옛 이름 양화도 나의주 하중도河中島
최근엔 '나의 섬 我矣島'
이제는 '너의 섬 汝矣島'

유래도 많고
별칭도 많더니
한때는 비행장으로
대규모 집회장으로

지금은 모든 논란의 중심인
국회의사당과 언론사
금융기관들로 가득 들어차
한국을 이끄는 견인차들의
주차장이 되었네요

섬 내의
벚꽃들이 활짝 피어
팽팽하게 맞서 있는 긴장을
잠시나마 풀어 주는군요

이곳에 자리한
시인대학 시인들의 시적 감성이
여의도의 생태 수준을
한 층 더
높이는 계기가 되었으면…

뻥튀기

뻥이요 뻥이요

뻥튀기 아저씨의 예령이 울려 퍼지면
동네 꼬맹이들 지나가던 행인들
귀를 막고 다 지켜본다

'뻥'하고 뻥튀기 기계 문이 열리면
튀밥들이 하얀 연기 속에 폭발적으로 튀어나와
씌워진 철망 그물에 안긴다

뻥튀기 맡긴 주인들에게
몇 배로 튀겨진 쌀 보리 강냉이 튀밥
부대에 담아 넘겨주고
돈이나 고무신도 받는다

당시의 뻥튀기 아저씨들
첨단식품 가공 기업가들이었던 셈이다

시를 쓰며
잠시나마
어린 시절의 기억 속으로
즐거운 추억 여행을 떠나본다

요즘 헛된 공약을 뻥뻥
남발하는 정치인들 사깃꾼들에게
던져주고 싶은 말

"뻥 치지 마세요."

궁금증

궁금증을 못 참는 성격인데 답변해 줄 분이 없네

예수님 손과 발의 못 자국, 허리의 창자국
지금은 다 나으셨겠지만
부활의 몸체도 육신의 몸체처럼
상처가 나면 시간이 좀 지나야 치유되는지?

예수님께서 부활하신 후 갈릴리 바닷가에서
제자들과 같이 식사하셨는데
부활의 몸도 육신처럼
음식을 먹고 소화 시키고 배출하는지?

천국에는 이 세상 살 동안
각자의 공로에 따라 상급이 차등화된다는데
천국에서도 더 큰 상급 받은 사람을 부러워하는
세상적인 마음이 드는지?

다윗과 우리야가 화해하고
같이 잘 지내겠지요?
물론 다윗이 사과하고
우리야가 용서하고…

문장부호 공헌도

쉼표

단지 문장에서만
쉼표가 필요할까

누가 보내온 편지를 다 읽고서
기절해서 주변의 사람들이 놀라
무슨 충격적인 내용의 편지인가 보니
긴 문장으로 된 편지에 쉼표가 하나도 없어
다 읽느라 숨이 차서 기절했다나

우리 인생
삶의 과정에서도
쉼표는 가끔 필요해요

물음표

동의합니다
인류의 발전에 가장 기여한 부호가 당신이라는데

마침표

끝인가
새로운 시작인가

영어에서 가끔
마침표를 결연하게 강조하는데
사용하기도 하네요

That's all what I want, period.
이 정도면 엄청난 위엄을 보이는 거죠, 마침표

느낌표

어느 시인이
스위스의 레만 호수를
처음 보고는
단 한 줄의 시를 썼다던데
"나는 울었노라!"

좀 고쳤으면

우리 찬송가 중 외국어 찬송 번역을 했거나
CCM 찬양 가사 중에서 좀 고쳤으면 하는 것들
있어요

하나, 예수의 손목을 굳게 잡고~~
아이들의 손목을 잡고 가면 모를까 예수님의 손목
을 굳게 잡고 간다니, 강제로 끌고 가는 것도 아
니고요

둘, 내주여 내 발 붙드사~~
발을 붙들면 넘어지지요

셋, 보혈을 지나~~
보혈의 공로, 은혜 등은 알겠는데 보혈을 지나 하
나님 품으로?

만우절

왜 생겨났을까 만우절

재미없는 이 세상에서
하루라도 더 웃어보라고

이날 하루는
우리 모두 바보가 되어도 좋죠

고마워요 만우절
그 누가 생각해 냈을까

에필로그

첫 시집을 펴내게 되니 감개무량합니다.

요즈음에는 지하철을 기다리며 안전문에 부착된 시들을 재미있게 읽곤 합니다. 또 지인들의 시집을 전에는 그냥 건성으로 읽어 넘겼는데 이제는 관심을 가질 정도로 대단한 변화가 생겼습니다.

더구나 제가 막상 시를 쓰며 느꼈던 어려움을 생각하니 그분들의 시 한 편 한 편이 정말 임산부의 힘든 산고를 겪고 나온 시들이구나 하고 깨닫게 되어 숙연한 마음으로 정독하게 될 정도가 되었습니다.

앞으로는 더 큰 변화가 있으리라 확신합니다.

잘 알려진 시인뿐만 아니라 그렇지 않은 저 같은 신인 시인들의 작품에도 관심을 기울여 시집을 다독해 가면서 나름대로 느끼고 써 올리는 이름 없는 시인들의 시들도 소중하게 마음에 담고자 합니다.

그리고 제2의 시집 준비를 위해서 꾸준히 시쓰기를 게을리하지 않을 것입니다.

새롭게 도전하는 제2의 인생길에 아낌없는 격려와 박수 보내주시기를 바랍니다. 감사드립니다.

2024년 여름
시인·장로 이 원 순

초판 인쇄	2024년 06월 14일
초판 발행	2024년 06월 18일
지 은 이	이 원 순
발 행 처	다담출판기획 TEL : 02)701-0680
	서울시 영등포구 영신로30길 14, 2층
편 집 인	박 종 규
등 록 일	2021년 9월 17일
등록번호	제2021-000156호
I S B N	979-11-93838-11-2 03800
가 격	12,000원

본 책은 지은이의 지적재산이므로 무단전재와 복제를 금합니다.